AF351000

الإهداء

أهدي هذا الكتاب لأمِّي وأبي..
كما أهدَوني الحياة.

إيمان

قليل من الحكمة

AUSTIN MACAULEY PUBLISHERS™

LONDON • CAMBRIDGE • NEW YORK • SHARJAH

حياتنا على ما فيها مِن عقبات، إلّا إنّها جميلة في نهاية المطاف، أتعلم لماذا؟ لأنَّ نيَّتنا صافية، لا ننوي إلا الخير.

الحب قد يخدعك، ويفسد عليك بيتك ويومك وليلتك، لا ترهِق نفسك، ليس كلُّ أحد يستحق.

اقترب مِمَّن تحبُّ، لكن لا تفكِّر في امتلاكه، دَعه حرًّا كالطير؛ فالحب لا يأتي بالإجبار.

مع الأيَّام نكبَر، ولكن القلب لا يزال طفلًا.

كلُّ إنسان يُريد أن يجعلك نسخة منه؛ الصالح ينصحك، والفاسد يفسد عليك دينك.

لا تقف مكتوف الأيدي، بإمكانك أن تغيِّر، يقول الله تعالى: ﴿إِنَّ اللهَ لَا يُغَيِّرُ مَا بِقَوْمٍ حَتَّى يُغَيِّرُوا مَا بِأَنْفُسِهِمْ وَإِذَا أَرَادَ اللهُ بِقَوْمٍ سُوءًا فَلَا مَرَدَّ لَهُ وَمَا لَهُمْ مِنْ دُونِهِ مِنْ وَالٍ﴾

[الرعد: 11]

لاحِظ هنا قول قوم:

"الحرمان عطاء مِن نوع آخَر، أنت عندما تَحرِم نفسك تعطيها السلامة".

اقرأ، ثمَّ فكِّر، ثمَّ اعملْ.. فالمغزى مِن العلم هو العمل. الذي يتلقَّاه الحاكم الصالح دعوات، والذي يتلقَّاه الحاكم الفاسد دعوات، وشتَّان بينهما.

الوصول إلى القمة يتطلَّب وقتًا طويلًا وجهدًا كبيرًا، فاستغِلّ وقتك.

المعاناة الحقيقية في النار التي أعدَّها الله للكافرين، فلا موت ولا حياة، بل عذاب دائم.

لو لَم يحبَّهم لَمَا خلقهم، ولكنَّ الإنسان كفور.

العمل متعِب، لكن عندما تعمل ما تحبُّ سيَغدو ممتِعًا.

ما يناسب غيرك قد لا يناسبك، الحياة خيارات متعدِّدة ومتنوِّعة، وباختيارك لما يناسبك يعني أنَّك سعيد به.

لا أتخيَّل حياة بلا كتب، فهي أشبَه بحياة البهائم – أعزَّكم الله.

كثرة التفكير تُشغِلك، لا تفكِّر في الرزق، ولا تفكِّر في الدنيا، واعمل مطمئنًّا لموعود الله:

﴿وَقُلِ اعْمَلُوا فَسَيَرَى اللَّهُ عَمَلَكُمْ وَرَسُولُهُ وَالْمُؤْمِنُونَ وَسَتُرَدُّونَ إِلَى عَالِمِ الْغَيْبِ وَالشَّهَادَةِ فَيُنَبِّئُكُمْ بِمَا كُنْتُمْ تَعْمَلُونَ﴾

[التوبة: 105]

*****

في الدنيا قبل الآخرة:

البعض لا ينام من العشق، والبعض ينام عن صلاة الفجر، ولو عرف الله لَمَا توانَى لحظة عن لقائه.

العلم قد يرفعك وقد يضعك، والخير دائمًا ما ينتصر على الشرِّ.

قَوْل كلمة "شكرًا" أجدها محفِّزًا لي على العطاء، وكما قيل: مَن لا يشكر الناس لا يشكر الله.

إن لَم تُسعد نفسك، وعشتَ في كآبة، ستتَّهم الزمن والآخَرين.

القمر لا يقترب كثيرًا؛ يترك مسافة آمِنة بينه وبيننا، فكن جميلًا كالقمر.

لو أنَّ الله يجازي في الدنيا لدخل الناس في دينه مِن أوَّلهم لآخرهم، ولكن لِيَميز الخبيث مِن الطيِّب.

أنا عندما أمثِّل، فإنِّي أمثِّل الأخلاق بأبهى صورها.

الدنيا سباق! نعم سباق.. ولكنه ليس سباقًا لدنيا فانية، يقول تعالى:

﴿سَابِقُوا إِلَى مَغْفِرَةٍ مِنْ رَبِّكُمْ وَجَنَّةٍ عَرْضُهَا كَعَرْضِ السَّمَاءِ وَالْأَرْضِ أُعِدَّتْ لِلَّذِينَ آمَنُوا بِاللَّهِ وَرُسُلِهِ ذَلِكَ فَضْلُ اللَّهِ يُؤْتِيهِ مَنْ يَشَاءُ وَاللَّهُ ذُو الْفَضْلِ الْعَظِيمِ﴾

[الحديد: 21]

*****

تريد أن تعرف الله وتتقرَّب إليه، اقرأ كتابه، واقرأ كلامه.

اعبد ربك، وهو سيحرِّرك مِن كلِّ شيء، فلا تكن عبدًا للمادة ولا لمخلوق، فأنت عبدٌ لله، حرٌّ لغَيره.

البعض يكره النور حتَّى لو أضاء له الطريق.

حتَّى محبَّة النَّفس تحتاج لإثبات، يقول تعالى:

﴿إِنْ أَحْسَنْتُمْ أَحْسَنْتُمْ لِأَنْفُسِكُمْ وَإِنْ أَسَأْتُمْ فَلَهَا﴾

[الإسراء: 7]

الحريَّة في الجنة، هنا سجن مؤقَّت؛ لأنَّكَ عبدٌ لله.. قال رسول الله صلى الله عليه وسلم: "الدنيا سجن المؤمن وجنة الكافر".

"رواه مسلم"

الأطفال يسألون كثيرًا، كُن مثلهم، لا تقعُد وكأنَّك ملكتَ كلَّ الأجوبة.

نحن الخطَّاؤون، وما زالت الحياة تعلِّمنا.

ستفعلها إن كانت هناك مكافأة، وبشكل أفضل، وبهمَّة أكبر؛ لذا لا تتردَّد في مكافأة نفسك بعد كلِّ عمل تقوم به!

لا تسعد بما تملك وتفكِّر بالشراء، هذا حال معظم البشر، يفكِّرون بالمفقود، وقد قال الله تعالى:

﴿إِنَّ الْمُبَذِّرِينَ كَانُوا إِخْوَانَ الشَّيَاطِينِ وَكَانَ الشَّيْطَانُ لِرَبِّهِ كَفُورًا﴾

[الإسراء: 27]

كما إنَّ هناك طرقًا متنوِّعة لجنَّة الأرض، هناك أيضًا طرقٌ متنوِّعة لجنَّة السماء.

البخيل ليس بفقير، ولكنه لا يرى سعة كرم الله التي تناله كل يوم، بل كل ساعة.

عدم الراحة دليل على أن القلوب غير صافية.

لن تندم على ماضيك المؤلم عندما تصل للقمَّة؛ لأنه ساعدك في الوصول.

في الأعماق ستجد الدُّرَر.. لا تعِش على السطح.

حاجة البعض للعلم لا تنقضي، وحاجة البعض للطعام والشراب لا تنقضي!

أُحلِّق في سماء المحبَّة وكأنني طَير أُطلِق سراحه للتوِّ مِن ضيق الدنيا إلى سعة رحمة الله.

سيُداخِله شيء مِن الكبر والغرور في حال حازَ المنصب الأول، فالمتواضعون يسجدون لله في حال حقَّقوا شيئًا.

عندما تقدِّمه بحب ستنسى التعب.

اقرأ في كتاب مِن ورق، ثمَّ اقرأ في كتاب الكون، وسبّح بحمد ربِّك قبل طلوع الشمس وقبل الغروب.

انظر لطريق آخَر، ولا تقيِّد رحمة الله بطريق تُريده، وإذا حرَّمك الله نعمة البصر، فقد أعطاك نعمة السمع والعقل والفؤاد.

استحالة أن يبقى الحبُّ، إنَّه يزور بين حين وحين؛ فهو ضيف ليس بثقيل، حاشاه!

*****

حتَّى إن لَم تستطِع المساعدة، يكفي أن تقف بجانبه عندما يخونه الزمن.

وُلِدتَ لتكون شيئًا في الوجود: رسامًا، كاتبًا، مصوِّرًا، أيًّا كان.. فاختر طريقك مِن البداية، ولا تضِيّع الوقت.

أجمل وأرقُّ قسوة، قسوة أمّي عليَّ لأكون الأفضل.

حقير وجعُك بالنسبة لوجعهم، فلا تتوجَّع، ولا تقل آهًا.

هناك لا، وهناك مستحيل، لا تأتي الأمور على ما نشتهي ونرغب، وأحيانًا ليس هناك فرصة ثانية، واسأل مَن يسدُّون الأبواب على قلوب الناس!

عندما تكون مع الحق والحقيقة، فسيرتعد الظالم.

المرءُ أقرب ما يكون مِن الحقيقة عندما يكون وحيدًا؛ فليس هناك عيون تشاهِد، ولا كاميرات تراقِب.

وبعد كلِّ هذه الابتلاءات علمتُ أنَّ الدنيا لا تصفو لمؤمن.

الذين يخشَون الناس لا يفعلون شيئًا في هذه الحياة، والذين يخشون الله يفعلون الكثير، يقول الله تعالى: ﴿فَلَا تَخْشَوُا النَّاسَ وَاخْشَوْنِ﴾

[المائدة: 44]

*****

كلٌّ منَّا مُعَرَّض للمرض.. حتَّى الطبيب، وكلٌّ منَّا مُعَرَّض للقتل حتَّى المحقِّقِ؛ وذلك لنعلم أنَّ الله لا يُعجِزه شيء في السموات ولا في الأرض.

أوَّل مَن يشعر بالقلق إذا تأخَّرتُ، هي الأمُّ، ثمَّ الأب، وحدس الأُمِّ لا يُخطئ أبدًا، وكأنَّ الله خلقها لأجل أن تحمي فلذات أكبادها.

لستَ أحمق، ولكنَّك تعطِّل عقلك، يقال إنَّ البشر يستخدمون (10%) مِن أدمغتهم.

في أي لحظة قد تسقط قيمة شيءٍ ما، وليس فقط عند الموت؛ لتعلم أن هذه الدنيا زائلة عمَّا قريب.

يقول تعالى:

﴿وَمِنْ آيَاتِهِ أَنْ خَلَقَ لَكُمْ مِنْ أَنْفُسِكُمْ أَزْوَاجًا لِتَسْكُنُوا إِلَيْهَا وَجَعَلَ بَيْنَكُمْ مَوَدَّةً وَرَحْمَةً إِنَّ فِي ذَلِكَ لَآيَاتٍ لِقَوْمٍ يَتَفَكَّرُونَ﴾ [الروم: 21]

استوقفَتني هذه الآية، إذا كان الله جعل بين الزوجين مودَّة ورحمة، فماذا جعل في العلاقات المحرَّمة؟ لا ريبَ البغضاء والقسوة، فلنراجع حساباتنا.

*****

كل يوم هو هدية مِن الله تعالى لك، عليك أن تستيقظ مبكِّرًا لتنظر ما خُبِّئ لك فيه.

لا تبرِّر قسوتك بقسوة الزمن ولا بقسوة الآخَرين، أنت المحرِّك الأول لحياتك.

ستجد القراءة صعبة عليك في البداية، ولكن مع الأيام لن يفارقك كتاب، فالمسألة مسألة اعتياد.

ستكون سعيدًا عندما تترك كلَّ الهموم وراء ظهرك، فالسعادة تحتاج للتغاضي.

لا لجمع المال.. لا لجمع الطوابع.. نعم لجمع الكتب، فهذا الجمع الذي سينقِذك.

*****

كان حبًّا مِن أوَّل نظرة، ومِن آخِر نظرة، كان حبًّا للأبد.

مُتَع رخيصة تستطيع شراءها بالمال، ولكن اللذة الحقيقية لحظة قُربك مِن الله تعالى، إذ إنَّك تنسى معها الدنيا وما فيها.

الدنيا لا تُغني عن شخص تحبُّه ويحبُّك، والدليل آدم عليه السلام، استوحش مِن جنَّة؛ فخلق الله مِن ضِلعه حواء.

التأمل شيء والصلاة شيء آخَر، الصلاة مناجاة للربِّ، ففرِّق بينهما.

أعماهم حبُّ الدنيا، وهي مجرَّد اختبار ومتاع؛ فاجتزِ الاختبار وأنت خفيف المتاع.

قلوب البعض خَرِبة مِن المعاصي، مليئة بالحقد والحسد والغيبة والنميمة، وقلوب البعض عامرة بالطاعات، والصدقات سرًّا وعلنًا، وإصلاح ذات البَين.

اعتذارك يوحي بأنَّكَ لَم تقصد الإساءة، وهذا يُعدُّ أكثر مِن كافٍ.

القادة يفعلون ما يتطلَّب الأمر فقط، ولا يبالون بعدها بما قيل.

الحب مِن أولويَّاتي، فمِن الأمور التي ندم عليها مَن ماتوا عدم تخصيصهم الوقتَ الكافي لِمَن يحبُّون.

رغم الشرِّ الذي يحمله في قلبه عليه يحبُّه؛ لأنَّ الله أحبَّه وملائكته والناس أجمعين، وهكذا يحمي الله مَن أخلَص عبوديَّته له.

السَّعادة قرار.. يقول تعالى: ﴿لَا تَحْزَنْ﴾ [التوبة: 40]

الحبُّ أجمل ما تقدِّمه لإنسان، فقد قال رسول الله – صلى الله عليه وسلم: "لا تَدخلوا الجنة حتَّى تؤمنوا، ولا تؤمنوا حتَّى

تحابُّوا، أوَلا أدلُّكم على شيء إذا فعلتموه تحاببتم؟ أفشُوا السلام بينكم".

"رواه مسلم"

يسرق القلب ويختفي، رغم ذلك هو أجمل سارق.

ستفقد مالك يومًا ما، وستفقد صحتك، وستعيش وحيدًا، ولن تلجأ إلّا إلى الله؛ لتعلم أنها أسباب لها مسبِّب، فلا تغفل عن ذِكره.

لكلِّ مُشْكلة حلٌّ، ولكلِّ داءٍ دواء، فابحث ما دُمْتَ في هذه الحياة.

إن أحبُّوك فهم ناقصِون، وإن أحبَّك الله فهو الكامل، والرَّحيم، والودود.

الله – سبحانه وتعالى – يخبرك بتفاصيل القصص؛ لتعلم أنَّ ما شاء كان، وما لَم يشأ لَم يكُن.

عليك أن تتعلَّم أوَّلًا لتصبح ما تريد، ليس فقط حصولك على وظيفة تحلم بها، إنَّما لتتكامل شخصيَّتك.

الناس يحبُّونك طفلًا حتَّى وإن كبرتَ، فاحتفِظ ببقايا الطفولة.

كلٌّ منَّا محروم مِن شيء، حتَّى مَن مَلَكَ الدنيا حُرِمَ مِن معرفة الله.

إذا علمتَ فاعمل، وغيِّر معالم هذا العالم؛ فالذين غيَّروا العالم كانوا يقرؤون.

قيمته لا تقدَّر بكنوز الدُّنيا، رحل وترك الأثر الطيِّب، والملايين يدعون له.

علوم الدنيا ضرورية أيضًا، فقد قال تعالى:

﴿وَعَلَّمْنَاهُ صَنْعَةَ لَبُوسٍ لَكُمْ لِتُحْصِنَكُمْ مِنْ بَأْسِكُمْ فَهَلْ أَنْتُمْ شَاكِرُونَ﴾

[الأنبياء: 80]

ويقول تعالى أيضًا: ﴿وَعَلَّمَهُ مِمَّا يَشَاءُ﴾

[البقرة: 251]

في اعتقادي أن الاكتئاب – إذا لَم يكُن مرضًا – سببه الجهل.

قد يحبُّكَ إنسان ويتسبَّب في هلاكك، فلا تبحث عن الحبِّ فيمن تقابلهم، وابحث عن الأخلاق.

هناك أمراض تُعدي، خاصَّةً أمراض القلوب.

حتى لو ملكتَ الدعاء، فلن تحقق المستحيل إذا لَم يقُل الله للشيء كُن فيكون.

الحبُّ ليس مجَّانيًا، لا بدَّ أن تدفع مِن وقتك ومالك حتَّى تحصد ثماره.

كيف تفرض احترامك وأنت تفعل أفعالًا مشينة؟!

قد تخسر قربهم بظنّك السَّيِّئ، خاصَّةً قرب الله، يقول تعالى: ﴿وَذَلِكُمْ ظَنُّكُمُ الَّذِي ظَنَنْتُمْ بِرَبِّكُمْ أَرْدَاكُمْ فَأَصْبَحْتُمْ مِنَ الْخَاسِرِينَ﴾

[فصلت: 23]

ويقول تعالى: ﴿إِنَّ بَعْضَ الظَّنِّ إِثْمٌ﴾

[الحجرات: 12]

يحقُّ له أن يسعد، فهو مع الله والله معه، يقول تعالى: ﴿فَاذْكُرُونِي أَذْكُرْكُمْ وَاشْكُرُوا لِي وَلَا تَكْفُرُونِ﴾

[البقرة: 152]

*****

التواضع أن تتجرَّد مِن منصبك وجاهك ومالك، وتحدِّثني بأدب.

الموت نهاية دنيا وبداية آخِرة، فالسَّعيد سعيد بعمله، والشقيُّ شقيٌّ بعمله.

الوسط دائمًا هو الحل؛ حتَّى لا تُرهق نفسك، ولا تتوانى عن عملك، وهناك ألوان أخرى غير الأبيض والأسوَد.

نحن منافقون، الطيب نؤذيه، والخبيث نتودَّد إليه.

الظالمون سينتهي بهم المطاف إلى الجنون، ولن ينجُوا بفعلتهم.

في البداية ستُخطئ، ومع الأيام ستتقِن عملك، وهكذا في كلِّ مجال، والأحمق مَن يكرِّر نفس الأخطاء.

كلُّ إنسان ستقابله سيُعلِّمك درسًا، وليس شرطًا أن يكون الدرس قاسيًا؛ فهناك دروس جميلة بجمال أصحابها، يجادلون بالحكمة والموعظة الحسنة.

مَن تخونهم الذاكرة ينسَون، ومَن نسِيَ الله أنساه الله نفسه، يقول الشافعي — رحمه الله:

شَكَوتُ إلى وَكيعٍ سوءَ حِفظِي   فَأَرشدَني إلى تَركِ المَعاصِي

وَأخبَرَني بأنَّ العِلمَ نورٌ   وَنورُ اللَّهِ لا يُهدَى لِعاصِي

*****

لا أريد حلولًا مِن كِيسك، اقرأ وتثقَّف، ثمَّ قدِّم لي حلولًا..

عقلٌ بلا علم كسفينة بلا رُبّان.

الغضب يهدم كل شيء، إذا غضبتَ فوجِّه طاقتك للبناء لا للهدم.

خُلق الإنسان عجولًا، يريد العاجلة (الدنيا) ولو كانت سببًا في هلاكه.

تريد أن تعرفه، فلتتواصَل معه، ومَن يريد معرفة الله فسيتواصل معه بالعبادة؛ إنَّهُ أقرب إلينا مِن حبل الوريد، ولكن البعض على بصره غشاوة.

الحياة سهلة وليست بصعبة إذا علِمنا أنَّها توفيق لنا مِن الله، وكما قال رسولنا الكريم – صلَّى الله عليه وسلم: "اعمَلوا، فَكُلٌّ ميسَّرٌ لما خُلِقَ لَهُ".

أعجب شيء عندما يقول لي أحدهم: بفضلي وبتعبي!

الأخطاء الصغيرة لا تُؤثِّر، ولكن إذا داخَلَك الكِبر فقد تفسد كلَّ شيء، وكلُّنا ذاك المخطئ، ونحتاج المغفرة مِن الله – سبحانه وتعالى.

عندما تقرأ الكثير والكثير، ستعلم الحقَّ مِن الباطل، والصادق مِن الكاذب، وستكون شخصًا أقرب إلى الكمال.

القلوب تتقلَّب كتقلُّب الزمان، وما كُتِب لك مِن الحب فهو رزق، فابتغِ الرزق مِن الرزَّاق.

*****

قرأت قوله تعالى:

﴿الَّذِي خَلَقَنِي فَهُوَ يَهْدِينِ ۝ وَالَّذِي هُوَ يُطْعِمُنِي وَيَسْقِينِ ۝ وَإِذَا مَرِضْتُ فَهُوَ يَشْفِينِ ۝﴾

[الشعراء: 78-80]

وقوله تعالى:

﴿وَأَنَّهُ هُوَ أَضْحَكَ وَأَبْكَى ۝ وَأَنَّهُ هُوَ أَمَاتَ وَأَحْيَا ۝﴾

[النجم: 43-44]

فعلِمتُ أنَّ كلَّ الأمور مردُّها إليه.

السخط يُنقص مِن عمرك، فكم مِن الأوقات قضيتَها وأنت ساخط على أقدار الله! ولو أنَّكَ رضِيتَ لعِشتَ كما يحلو لك.

كيف أُنقِذك ولَم أنقِذ نفسي؟ أم كيف أُسعِدك ولَم أُسعِد نفسي؟ فاقد الشيء لا يعطيه!

الحب يفعل الأعاجيب، خاصَّةً حب الله جلَّ وعلا..

قال تعالى: ﴿وَإِنَّكَ لَعَلَى خُلُقٍ عَظِيمٍ﴾

[القلم: 4]

العظماء لا يتعاظمون على الخلق، بل هم أشدُّ الناس تواضعًا، واقرأ سيرة الرسول – صلى الله عليه وسلم.

لن تحبَّ نفسك بعد أن هدمتَ كلَّ القِيَم الإنسانية، راجِع حساباتك؛ فلا يزال هناك متَّسَع مِن الوقت.

المال هو المحبوب الأكثر جماهيرية، إلا إنَّ قلَّة قليلة اتَّخَذَت حبَّ الله لها منهجًا وزهدَت في المال.

يقولون إنَّ هناك طاقة الشفاء تشفي جسدك، وأنا أقول بأنَّ هناك الله الذي يقول:

﴿وَإِذَا مَرِضْتُ فَهُوَ يَشْفِينِ﴾

[الشعراء: 80]

مَن أراد الحفاظ على علاقاته فإنَّه لا يغضب، لأنَّ الغضب مفتاح كلِّ شرٍّ.

قيل: اصنع مِن الليمون شرابًا حلوًا، وبذلك تتلذَّذ بالطَّعم، وتعود واثقًا مِن نفسك، بأنَّك تستطيع وذو موهبة.

لغة الإحساس هي لغة العُشَّاق الخاصَّة، لو كنتَ تحبُّ مَن تحبُّه حقًّا، لَمَا رضِيتَ عليه السوء، وخَشِيتَ عليه مِن النسمة.

أخلاقك قد تربِّي مَن يحتاج لتربية؛ فاكظم غيظك، واعفُ عن الناس، وأحسِن إليهم.

الكتاب الجيِّد هو الذي لا يدَع القارئ يملُّ في أثناء قراءته، ولا يزال يلهمه كلَّما قرأه، ولا أجد كتابًا بهذه المواصفات إلَّا كتاب الله – عزَّ وجلَّ – يفتح عينيك على أمور لَم تكن منتبِهًا لها مِن قبل.

ارتحِل وستسعد، لا تقبع في مكانك وتركن إلى الراحة؛ فالحياة رحلة تحتاج منك الهِمَّة العالية، والمثابرة، والإصرار.

عندما يخفت الإعجاب، يخفت الحب، وهكذا يزول عند البعض، كالدنيا تغرُّ ثمَّ ترحل.

أصحاب المبادئ هم أصحاب حبٍّ، والحبُّ ليس أحلامًا وأماني تحبُّ وتكره لأدنى سبب، فلا تكن متقلِّب المزاج.

صاحب الأخلاق دائمًا ما يلتفُّ الناس حوله، قال تعالى:

﴿فَبِمَا رَحْمَةٍ مِنَ اللهِ لِنْتَ لَهُمْ وَلَوْ كُنْتَ فَظًّا غَلِيظَ الْقَلْبِ لَانْفَضُّوا مِنْ حَوْلِكَ﴾

[آل عمران: 159]

عرض خصوصيّاتك على العامَّة مِن أكبر الأخطاء، هناك الشَّامت والحاسد والحاقد.. وليس الكل نيَّتُهُ صافية.

الله لَم يتركنا إهمالًا، وفي كلِّ ما يحدث مِن أمور، ووراء كلِّ قصة عِظة وعبرة وحكمة، فاعمَل جاهدًا، ولن يضيع سعيُك.

يقول الله تعالى:

﴿قَوْلٌ مَعْرُوفٌ وَمَغْفِرَةٌ خَيْرٌ مِنْ صَدَقَةٍ يَتْبَعُهَا أَذًى وَاللهُ غَنِيٌّ حَلِيمٌ﴾

[البقرة: 263]

ويقول محمَّد – صلى الله عليه وسلم: "تَبَسُّمُكَ فِي وَجْهِ أَخِيكَ لَكَ صَدَقَةٌ".

فانظر كيف جعل البسمة صدقة، والقول المعروف أفضل مِن صدقة يتبعها أذًى، فالأخلاق أهمُّ، والإساءة مرفوضة.

الإنسان يواجه المخاطر أينما كان، العربي في الصحراء القاحلة، والأجنبي في البحار الهائجة.

قليل مِن الحب قد ينقذكَ، وكثيرُه قد يغرقكَ، إلَّا حبَّ الله، وحده يستحقُّ هذه النفس.

الحب موجود، كيف لا ومصدره هو الله؟! لكن البعض لا يعترف بوجوده للأسف، أتعلَم لماذا؟ خوفًا مِن أن يخيب لهم الآمال.

يقول تعالى:

﴿وَمِنَ النَّاسِ مَنْ يُعْجِبُكَ قَوْلُهُ فِي الْحَيَاةِ الدُّنْيَا وَيُشْهِدُ اللهَ عَلَى مَا فِي قَلْبِهِ وَهُوَ أَلَدُّ الْخِصَامِ﴾

[البقرة: 204]

وكثير مِن الأدباء والشعراء يمتلكون ذلك اللسان المعسول، ويقولون ما لا يفعلون!

أنت أجمل عندما تحمل الحبَّ بين جوانحك.

احتفِظ بأحلامك لنفسك؛ فلا أحد يراها غيرك، وكي تصبحَ حقيقة اعمل جاهدًا.

القمَّة تحتاج لهمَّة، فواصِلِ المسيرَ حتَّى تصل.

الجاهل أخطاؤه كثيرة؛ ولذلك فهو كما قيل في الشقاوة ينعم، وما الجهل إلا شقاء.

أقولُ لمن يملكون المال فقط، المال ولا شيء سِوَى المال! وفعلًا هناك أشياء لا تُشترَى به، هناك دعاء لربِّ السماوات والأرض، وهناك محبَّة صافية بين الناس، وهناك السكينة والرضا والقناعة.

بإمكانك أن تحبَّ أيَّ شخص، كم عدد الذين مرُّوا وأحبُّوك؟ إنَّهم كثيرون، ولكن عندما تفكِّر في الزواج، عليك أن تبحث عن الدين والأخلاق؛ لأن ذلك ما سيستمرُّ معك مدى الحياة.

زمن الطيِّبين لَم ينتهِ، هناك قلَّة قليلة مؤمنة وطيِّبة في كلِّ زمان، كما قال تعالى:

﴿وَمَا أَكْثَرُ النَّاسِ وَلَوْ حَرَصْتَ بِمُؤْمِنِينَ﴾

[يوسف: 103]

الدنيا دار اختبار، وعطاء الله ليس إكرامًا، ومنْعُه ليس إهانة، يقول تعالى في محكم كتابه:

﴿فَأَمَّا الْإِنسَانُ إِذَا مَا ابْتَلَاهُ رَبُّهُ فَأَكْرَمَهُ وَنَعَّمَهُ فَيَقُولُ رَبِّي أَكْرَمَنِ ۝ وَأَمَّا إِذَا مَا ابْتَلَاهُ فَقَدَرَ عَلَيْهِ رِزْقَهُ فَيَقُولُ رَبِّي أَهَانَنِ ۝﴾

[الفجر: 15-16]

الذكي يعمل بذكاء وليس بجهد، وكلاهما مطلوبان، على سبيل المثال:

ممتحِن عندما يجيب عن أسئلة الامتحان، فإنَّه لا يقلق ولا يتوتَّر، بل يجيب بكلِّ أريحيَّة، لأنَّه أعِدَّ العدَّة قبل كلِّ امتحان، فكن جاهزًا لكلِّ ما سيأتي.

واجِه مخاوفك إذا كانت لا تُشكِّل خطرًا عليك، فالبعض يخاف مِن الناس ولا يخاف مِن الله، وقد قال عزَّ من قائل:

﴿أَتَخْشَوْنَهُمْ فَاللَّهُ أَحَقُّ أَنْ تَخْشَوْهُ إِنْ كُنْتُمْ مُؤْمِنِينَ﴾

[التوبة: 13]

لذلك بعض المخاوف لا مبرَّر لها، وتحتاج إلى المواجهة لإزالتها.

العلم نور إلهي، تجده عند العارفين بالله، فلا يزالون يطلبون هذا النور حتَّى يضيئوا هذا الكون الفسيح، فيكونون كما قال الله فيهم في كتابه:

﴿وَجَعَلْنَا لَهُ نُورًا يَمْشِي بِهِ فِي النَّاسِ كَمَنْ مَثَلُهُ فِي الظُّلُمَاتِ لَيْسَ بِخَارِجٍ مِنْهَا﴾

[الأنعام: 122]

حبٌّ مِن طرف واحد لا يستمرُّ إلا إذا عاند المحبُّ وأصرَّ.

البعض لا يحترمك إلا إذا كنتَ تملك المال، ويفعل الدنايا والرزايا، نعم، المال يوفِّر الكرامة، لكن لا تنسَ نفسك في خضمِّ البحث عنه.

الحياة تتطلَّب قوَّة، وحتَّى تستمتع بالمطر عليك أن تتحمَّل العاصفة.

الاختلاف لا يعني الخلاف، لا تتعصَّب لآرائك ولا لمذهبك ولا لجماعتك لمجرَّد أنَّها لَم توافق آراءهم ومذهبهم وجماعتهم، فجمال الحياة بتنوُّعها.

مَن هو في معيَّة الله لا يخشى الفقر، وينفِق حتَّى لو لَم يجد شيئًا؛ لأنَّه ينفق مِن عند مَن خزائنه لا تنفد.

قال صلَّى الله عليه وسلم:

"أَنْفِقْ بلالُ، ولا تَخْشَ مِن ذِي العرشِ إِقْلالًا".

الجاهل يسيء فهمك، ويسيء فهم الله أيضًا، قال تعالى:

﴿إِنَّهُ كَانَ ظَلُومًا جَهُولًا﴾

[الأحزاب: 72]

هناك أناس تودَّ مقابلتهم في السرَّاء والضرَّاء؛ لأنَّهم إذا كنتَ مسرورًا سُرُّوا معك، وإذا كنتَ مهمومًا واسَوْك، وهناك أناس لا تخرج إليهم إلا وأنت مضطرٌّ وتمثِّل السعادة بجانبهم؛ لأنَّهم بُغَضاء حسدَة شامتين، — أعاذنا الله وإيَّاكم منهم.

www.ingramcontent.com/pod-product-compliance
Lightning Source LLC
Chambersburg PA
CBHW071247140726
47996CB00007B/2793